目指せ10分！

デリキッチン

JN043962

白井ありさ
（@arigohan）

KADOKAWA

はじめに

はじめまして。料理研究家の白井ありさです。

デパ地下の商品開発など、食関連企業のコンサルティング事業を営みながら、家庭で簡単に作れるレシピをSNSで日々発信しています。

この本では、デパ地下のデリコーナーで見かけるような、見栄えがよくておいしく、ワクワクするレシピをたっぷりと紹介しています。どれもスーパーで手に入れやすい食材や調味料で作れますし、やらなくても味に大差がないような下ごしらえを省いたり、電子レンジや炊飯器を活用したりなど、調理のハードルもぐっと下げました。

一見、難しそうな料理を簡単においしく作れることで、料理に対する苦手意識が減って、「私ってすごい!」と自己肯定感がちょっとでも上がるのに役立てばうれしいです。

食事作りは毎日だからこそ、少しでもラクしておいしく&楽しめることで、日々の活力になると信じています。

時短でおいしく作るコツ

頼りになります

市販の便利な調味料や
スープの素を味方に

あれこれといろいろな調味料を使うとなると、出し入れや計量などに意外と時間がかかるもの。ポン酢しょうゆ、めんつゆ、塩麹、白だし、和風だしの素、洋風スープの素のような便利な調味料、スープの素などを使うと、少ない調味料で簡単に、おいしく味つけができます。

ポリ袋に調味料、材料を入れ、袋の上からもみもみ。これなら少ない量の調味料でも全体にまんべんなく味がなじみ、手やキッチンまわりを汚しません。そのまま衣づけをしたり、端を切って肉だねを絞り出したりすることも可能。あとはポリ袋をポイッと捨てればOK！ボウルを使わないので、最小限の洗い物ですみます。

下ごしらえにポリ袋を活用。
洗い物も最小限に

もみもみ

時間をかけずにおいしい料理を作るために、私が実践しているのがこちら。
ちょっとしたことですが、それでも料理することのハードルが下がるかなと思います。

電子レンジや炊飯器で ほったらかし&効率アップ

\レンジでチン！/

材料も調味料も入れて、あとはスイッチオン！ 電子レンジや炊飯器調理は、ほったらかしで勝手に料理が完成します。 炊飯器調理は、完成までのトータルの時間は短くはないですが、レンジ調理と同様、そばについて火加減を確認したりしなくていいので、並行してもう1品作ったり、洗い物をしたり、食卓の準備をできるのが◎。 実質の作業時間はたったの5〜10分で、手のこんだような煮込み料理が作れます。

じゃがいも、かぼちゃなどは、
鍋でゆでるよりも
レンチンが時短&ラクチン

フライパン1つで
パスタが作れる
〝ワンパン〟レシピも！

ひと工夫で見違える！
デリ盛りのポイント

パターン1
高さを出す

中心が高くなるようにするのは、和食の基本の盛りつけ方。立体感を出すと、ボリューム感がありながら、全体が美しい印象に。パスタも高さを出して盛ると、お店のような洗練された雰囲気になるのでおすすめ。器にめいっぱい広げず、余白を多めにとると、上品に仕上がります。

パターン2
均等に散らす

いろいろな食材を使い、ゴロゴロとした具材感を楽しむサラダなどは、どこから見てもすべての具材が見えるように、均等に散らすイメージで盛りつけましょう。無造作にどさっと盛るよりも色みのバランスがよくなり、おしゃれにまとまります。

盛りつけにちょっと工夫すると、料理の印象がガラリと変わります。
見た目がよくなることでおいしさにつながり、気分も上がっちゃいますよ！

パターン3
ずらして動きを出す

食材1つをカットして盛る場合、そのまま平たく並べてしまうと、のっぺりとした印象になってしまいます。カットした断面を見せつつ、少しずらしながら立てかけるように盛ることで、動きが出てワンランク上の仕上がりになります。

パターン4
添え野菜やトッピングで彩りをプラス

料理に足りない色を、貝割れ菜やベビーリーフ、青じそ、ねぎ、ハーブ、ごま、糸唐辛子などの添え野菜やトッピングで差し込むと、見栄えが格段によくなって食欲をそそりますし、栄養価もアップ。万能ねぎの小口切りは冷凍庫に、パセリは乾燥させて冷蔵庫にスタンバイさせています。

CONTENTS

STAFF

アートディレクション	江原レン（mashroom design）	調理スタッフ	池上悦美	好美絵美
デザイン	青山奈津美　和田真依		山口早希	
	（mashroom design）	校正	新居智子	根津桂子
撮影	佐々木美果	編集	田子直美	
スタイリング	阿部まゆこ	撮影協力	UTUWA	

程よくとろり

デリサラダに欠かせない
ゆで卵の作り方

黄身を程よくとろりと仕上げるのは、「冷蔵庫から出し立て」と「沸騰してから4分30秒」がキーポイント。ほんの少し穴をあけると、殻がつるりとむきやすくなります。

中身が出ない程度に!

保冷剤を使って節約

❶ 卵を冷蔵庫から出し、とがっていないほうに包丁の刃元で軽く、見えないくらいの穴をあける。

❷ 鍋にそっと入れて水をかぶるくらい注ぎ、中火にかける。沸騰したら4分30秒ゆでる。

❸ 湯を捨ててすぐに冷水（氷の代わりに保冷剤を入れる）に入れ、しっかり冷ます。

この本の決まりごと

●小さじ1は5mℓ、大さじ1は15mℓ、1合は180mℓです。

●野菜や果物は、特に記述がない場合でも「洗う」「皮をむく」「へた、わた、種、石づきを取る」などの下ごしらえをしてから調理に入ってください。

●塩などの「少々」とは、親指と人さし指の2本で軽くつまんだ量、「ひとつまみ」とは、親指と人さし指、中指の3本で軽くつまんだ量です。

●電子レンジの加熱時間は600Wを基準にしています。500Wなら1.2倍、700Wなら0.9倍の時間で加熱してください。

●炊飯器は3合炊きを使用しています。機種により仕上がりが異なる場合がありますので、お手持ちの炊飯器の機能に合わせて加熱時間などを調整してください。

●オーブントースターの加熱時間は1000Wを基準にしています。W数が異なる場合は加熱時間を調整してください。

●フライパンはコーティング加工されているものを使用しています。

●調理時間は下ごしらえから完成までの最短の目安時間です。「常温にもどす」「冷ます」「漬ける」「味をなじませる」「炊飯する」「余熱で火を通す」などの時間は含んでいません。

●各レシピの難易度は、作りやすさを3段階に分け、★の数で示しています。

PART 1

デリ惣菜

肉や魚介、豆腐、卵を使った、
主役級のデリおかずを考えました。
どれも試行錯誤して生み出したおすすめのレシピ。
今日はちょっとやる気がないなーという日は、
電子レンジや炊飯器で作るおかずを試してみて!

たまらん

難易度 ★ ★ ☆ 　　　鍋で

私のレシピで人気ナンバーワン！　やみつきの口当たり

ちゅるちゅるよだれ鶏

調理時間
10
分

材料（2〜3人分）

鶏むね肉…1枚（300g）

塩、こしょう…各ひとつまみ

片栗粉…大さじ3

■ピリ辛だれ〈混ぜる〉

　おろしにんにく（チューブ）…4cm

　ポン酢しょうゆ…大さじ2

　オイスターソース、ごま油…各小さじ2

　白いりごま…大さじ1/2

　ラー油…少々

貝割れ菜、万能ねぎ…各適量

作り方

❶ 鶏肉は5mm厚さのそぎ切りにする。両面に塩、こしょうをふり、片栗粉をまぶす。

❷ 鍋に湯を沸かして❶を入れ、中火で2分30秒ほどゆでる。ざるに上げ、湯をきる。

❸ 器に盛り、貝割れ菜を添える。鶏肉にピリ辛だれをかけ、万能ねぎの小口切りをふる。

厚み5mmがベスト！厚すぎると火が通らないので気をつけて

片栗粉は全体にしっかりまぶして

片栗粉の効果でパサつきはゼロ。しっとり、やわらか！

ちゅるちゅるよだれ鶏の たれバリエ

※すべて 2 ～ 3 人分です。

バンバンジーだれ

ボウルに**白すりごま大さじ 2、 砂糖、 白 練りごま、 しょうゆ、 酢各大さじ 1、 鶏 ガラスープの素小さじ 1/4、 ラー油少々**を入れて混ぜる。 好みでトマトの輪切り、きゅうりの細切りを敷いても。

コクうましょうがだれ

耐熱容器に**しょうがのみじん切り 20 g**を入れ、 フライパンで充分に熱した**ごま油大さじ 1** をジューッとかける。 **白だし大さじ 1、 白いりごま小さじ 1、 塩、 こしょう各少々**を加え、 混ぜる。 好みで粗く刻んだ青じそを散らしても。

ねぎ塩だれ

ボウルに**長ねぎのみじん切り 1/2 本分、 おろしにんにく（チューブ）2cm、 ごま 油小さじ 2、 鶏ガラスープの素、 レモ ン汁各小さじ 1、 塩、 こしょう各少々**を入れ、混ぜる。 好みで白いりごまをふり、レモンを添えても。

ねばねばソース

オクラ 8 本は熱湯で 1 分ほどゆで、 冷水にさらして粗熱をとる。 小口切りにしてボウルに入れ、**めかぶ（味つき）1 パック、 めんつゆ（2 倍濃縮） 小さじ 2、 白いりごま小さじ 1** を加えて混ぜる。 好みでみょうがの小口切りをのせても。

サルサソース

紫玉ねぎ（または玉ねぎ）1/8 個は 5mm角に切って水に 5 分ほどさらし、 水けをしっかりきる。**トマト小1個（100 g）、 きゅ うり 1/3 本**は 1cm角に切り、 玉ねぎとともにボウルに入れる。**酢大さじ 1、砂糖、 オリーブ油各小さじ 1、 しょうゆ小さじ 1/2、 タバスコ、 粗びき黒こしょう各少々**を加え、 混ぜる。

キムチなめたけソース

白菜キムチ 50 gは粗く刻んでボウルに入れ、 **なめたけ 80 g** を加えて混ぜる。好みで青じそのせん切りをのせても。

酢をきかせたピリ辛濃厚ごま味

体にうれしい
ねばねばコンビ

しょうがの風味、
食感がアクセント

色鮮やかなエスニックテイスト

〝具材兼調味料〟の
組み合わせ

レモンの酸味がさわやか

ザク
じゅわ〜

難易度 ★ ★ ☆　　揚げ鍋で

上品な白だし、ピリッとした明太子をかけ合わせた〝鬼うま〟味

調理時間
15
分

だし明太から揚げ

材料 (2人分)

鶏もも肉…大 1 枚 (400g)

辛子明太子…50g

A
┃ おろしにんにく (チューブ)、
┃　 おろししょうが(チューブ)…各 3cm
┃ 白だし…大さじ 2
┃ 酒…大さじ 1

片栗粉…50g

揚げ油…適量

青じそ、レモン…各適量

作り方

❶ 鶏肉は冷蔵庫から出して 30 分～1 時間おき、常温にもどす。

❷ ❶は 8 等分に切り、ポリ袋に入れる。**A** を加えてもみ込み、15 分ほどおく。

❸ ❷をざるにあけて汁けをきり、ボウルに入れる。明太子を薄皮を除いて加え、全体にからめる。片栗粉を加え、鶏肉の皮目が表になるようにしてギュッと丸めながら、しっかりとまぶす。

❹ 揚げ油を 170℃に熱し、❸を入れる。途中、一度上下を返しながら、カリッとするまで 4 分ほど揚げる。

❺ 器に盛り、青じそ、レモンのくし形切りを添える。

白だしなどで下味をつけたら、明太子まみれにしちゃう!

皮目を表に出し、ボソボソの粉も残さずまぶすと、ザクザク食感に

コロンと丸くて、キュートな揚げ上がり♡

鶏肉や春巻きの皮で、本格中華を気軽にアレンジ

鶏肉の北京ダック風

調理時間
15
分

材料（2人分）

鶏もも肉…大1枚（400g）

きゅうり…1本

白髪ねぎ…1/3本分

春巻きの皮…4枚

塩、こしょう…各ひとつまみ

ごま油…小さじ1

酒…50mℓ

■たれ〈混ぜる〉

　甜麺醤…大さじ2

　はちみつ…小さじ2

　しょうゆ…小さじ1

　五香粉…ひとふり

水を入れた鍋を重しにして肉を焼けば、皮がピンとのびてパリッと焼ける

春巻きの皮は水をふり、レンジ蒸しにしてしっとりさせる

作り方

❶ 鶏肉は冷蔵庫から出して30分～1時間おき、常温にもどす。

❷ きゅうりは5～6cm長さの細切りにする。白髪ねぎは水に5～10分さらして水けをきる。

❸ 鶏肉は厚い部分に切り目を入れて厚みを均一にし、両面に塩、こしょうをふる。

❹ フライパンにごま油を強めの中火で熱し、❸を皮目を下にして入れ、アルミホイルをかぶせる。ひと回り小さい鍋に水を入れてのせ、4分ほど焼く。鍋とアルミホイルをはずして鶏肉の上下を返す。酒を加え、ふたをして3分ほど蒸し焼きにする。

❺ たれの半量を鶏肉の両面に塗って取り出し、食べやすく切る。

❻ 春巻きの皮は半分に切り、ふんわりと半分に折って耐熱皿に並べる。軽く水をふってラップをかけ、電子レンジで30秒ほど加熱する。

❼ 器に❺を盛り、❷、❻、残りのたれを添える。春巻きの皮に具材をのせてたれをかけ、巻いて食べる。

しっとり
ジューシー

難易度 ★ ★ ☆　　電子レンジで

レンチンだからこその、とろけるような食感がたまらない

調理時間
10
分

やわやわ 鶏みそチャーシュー

材料（1本分）

鶏もも肉…大1枚（350g）
■ にんにくみそだれ〈混ぜる〉
　おろしにんにく（チューブ）…4〜5cm
　みそ…大さじ2
　砂糖、酒…各大さじ1
青じそ…5枚

作り方

① 鶏肉は冷蔵庫から出して30分〜1時間おき、常温にもどす。

② ①は厚い部分に切り目を入れて厚みを均一にする。

③ ラップを鶏肉を横長に置いたときの横幅の3倍の長さに切り、②の皮目を上にしてのせ、にんにくみそだれの半量を塗る。肉の上下を返し、残りのたれを塗る。

④ 肉を手前からきつく巻き、さらにラップでしっかりと巻く。③と同じ長さのラップでさらに同様に巻いて二重に包み、両端をそれぞれねじって結ぶ。

⑤ 耐熱皿にのせ、竹串で2カ所穴をあける（2カ所が直線状に並ばないよう、ランダムにする）。電子レンジで5分ほど加熱し、そのまま庫内で5分ほどおき、余熱で火を通す。

⑥ 粗熱がとれたらラップをはずし、食べやすく切る。器に盛り、皿に残ったたれをかけ、青じそのせん切りをのせる。

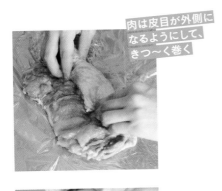

肉は皮目が外側になるようにして、きつ〜く巻く

ラップで二重に包んだら穴をあけ、レンチン中の爆発を防止

これ優勝

難易度 ★ ★ ☆　　フライパンで

きのこのうまみがきいたデミソースでガッツリと堪能

調理時間
10
分

きのこデミトンテキ

材料（2人分）

豚ロースとんカツ用肉…大2枚（300g）

マッシュルーム…4個

しめじ…1/2パック（70g）

塩、こしょう…各少々

小麦粉…適量

サラダ油…小さじ1

酒…50mℓ

■デミソース

　バター…10g

　おろしにんにく（チューブ）…3cm

　中濃ソース…大さじ2

　トマトケチャップ…大さじ1

　砂糖…小さじ1

ベビーリーフ…適量

作り方

① 豚肉は冷蔵庫から出して30分ほどおき、常温にもどす。

② マッシュルームは縦5mm幅に切り、しめじはほぐす。豚肉の両面に塩、こしょうをふり、小麦粉を薄くまぶす。

③ フライパンにサラダ油を中火で熱し、豚肉を3分ほど焼く。焼き色がついたら上下を返し、マッシュルーム、しめじ、酒を加えてふたをし、3分ほど蒸し焼きにする。

④ 火を止め、豚肉をいったん取り出す。フライパンにデミソースの材料を加えて中火にかけ、ふつふつとするまで混ぜながら炒める。火を止め、豚肉を戻し入れ、全体にからめる。

⑤ 器に盛り、ベビーリーフを添える。

小麦粉は、茶こしを使うとムダなく、まんべんなくまぶせる

きのこ、酒のうまみを肉に移しながら蒸し焼きに

肉に粉をまぶしてあるから、ソースがしっかりからむ

難易度 ★ ★ ☆　フライパンで

パンチのあるソースががっちりからんで、食べごたえあり！

調理時間
15
分

肉巻きモッツァレラ ＆トマト

材料（2人分）

豚バラ薄切り肉…12枚（300g）

モッツァレラチーズ…1個（100g）

ミニトマト…4個

塩、こしょう…各少々

酒…大さじ1

■ BBQ ソース〈混ぜる〉

　おろしにんにく（チューブ）…2cm

　トマトケチャップ…大さじ1

　中濃ソース…大さじ1/2

　砂糖…小さじ1/2

パセリ…適量

作り方

❶ 豚肉は全体に塩、こしょうをふる。モッツァレラチーズは縦横半分に切って4等分する。

❷ ミニトマトに豚肉を1枚ずつ、すき間がないように巻く。モッツァレラチーズは1切れを豚肉2枚で、すき間がないように二重に巻きつける。

❸ フライパンを弱めの中火で熱し、❷の巻き終わりを下にして焼く。時々転がしながら、全体に焼き色がつくまで焼き、酒を加え、ふたをして2分ほど蒸し焼きにする。

❹ BBQ ソースを加え、全体にからめる。器に盛り、パセリのみじん切りをふる。

トマトもチーズも、
顔が出ないように豚肉を巻きつけて

形が安定していないので、
焼きにくい面は
トングで押さえたり…

フライパンの縁に触れるように
立てかけたり…して焼くと◎

とろ〜り

難易度 ★ ☆ ☆　　　炊飯器で

箸で切れるほどのとろける角煮が、炊飯器で作れちゃいます

炊飯器 やわらか角煮

スイッチオン!
まで
3分

材料 (2 〜 3人分)

豚バラブロック肉…500g
ゆで卵…2 個
しょうが…2 かけ
■**煮汁**
　しょうゆ…80㎖
　砂糖（あればきび砂糖）…大さじ 4
　オイスターソース…大さじ 1/2
　酒…150㎖
　水…200㎖
練り辛子…適量
チンゲン菜（好みで)…適量

作り方

❶ 豚肉は冷蔵庫から出して 30 分〜 1 時間おき、 常温にもどす。

❷ しょうがは 5㎜厚さに切る。 豚肉は長さを半分に切る。

❸ 炊飯器の内釜に煮汁の材料を入れて混ぜ、 ❷、 ゆで卵を入れ、 普通に炊く。

❹ 豚肉、 卵を取り出して、 食べやすく切る。器に盛って煮汁をかけ、 練り辛子、 好みでゆでたチンゲン菜を添える。

※ 炊けたら電源を切り、 保温しないで2 〜 3 時間おくと、 味がしっかりしみて、よりおいしくなります。

材料を入れたら、あとはほったらかし。
笑っちゃうほど簡単!

惚れ込む

難易度 ★ ★ ☆　　炊飯器で

炊飯器で作るからじゃがいもは煮くずれせず、ほっくほく！

スイッチオン！まで
8分

炊飯器
塩バター肉じゃが

材料（2人分）

豚バラ薄切り肉…100g

じゃがいも…小3個（300g）

にんじん…小1本（100g）

玉ねぎ…1/2個

しらたき（アク抜き済み）…100g

■煮汁

　おろしにんにく（チューブ）…2cm

　鶏ガラスープの素…大さじ1

　塩…小さじ1/4

　酒…50㎖

　水…200㎖

バター…20g

万能ねぎ、粗びき黒こしょう…各適量

作り方

❶ じゃがいもは半分に切って10分ほど水にさらし、水けをきる。にんじんは縦半分に切り、長さを3等分に切る。玉ねぎは4等分のくし形切りにし、しらたきは食べやすく切る。

❷ 豚肉は一口大に切る。

❸ 炊飯器の内釜に煮汁の材料を入れて混ぜ、❶を加える。❷を加え、煮汁に浸しながら箸でほぐし、普通に炊く。

❹ 炊き上がったらバターを加え、さっと混ぜてなじませる。器に盛り、万能ねぎの小口切り、黒こしょうをふる。

豚肉は最後に加え、加熱中にくっつかないようにほぐしておく

バターは仕上げに加え、風味を生かしてリッチなおいしさに

レンジ×炊飯器の合わせワザで、驚くほど簡単！

スイッチオン！まで
10分

炊飯器 ロールキャベツ

材料 (2人分)

合いびき肉…200g

キャベツ…2枚（100g）

A
| 卵…1個
| パン粉…20g
| おろしにんにく（チューブ）…3cm
| 砂糖、しょうゆ…各小さじ1
| 塩、こしょう…各少々

■煮汁
| カットトマト缶…1/2缶（200g）
| 酒…大さじ1
| 砂糖、洋風スープの素（顆粒）…各小さじ1

パセリ…適量

作り方

❶ キャベツは軸の厚い部分をそぎ、水にさっとくぐらせて耐熱ボウルに入れる。ラップをかけ、電子レンジで2分ほど加熱し、そのまま粗熱をとる。

❷ ポリ袋にひき肉、**A** を入れ、袋の上からもんでよく混ぜる。

❸ キャベツ1枚を軸側を手前にして広げ、手前に❷の半量を俵形に整えてのせる。くるりと1回巻いて左右を折り、手前から最後まで巻く。残りも同様に巻く。

❹ 炊飯器の内釜に煮汁の材料を入れて混ぜる。❸を巻き終わりを下にして入れ、普通に炊く。

❺ 器に煮汁を入れてロールキャベツをのせ、パセリのみじん切りをふる。

かたい軸の部分は、そいでおくと巻きやすい

レンチンしておいたキャベツで肉だねをくるり！

巻き終わりを下にするのがポイント

ラクすぎ

溺れる
<ruby>溺<rt>おぼ</rt></ruby>れる

難易度 ★ ★ ☆　　フライパンで

やわらかななすに肉あんをたっぷりと！ ご飯のおかわり必至

調理時間
10
分

とろとろなすの 肉あんかけ

材料（2人分）

豚ひき肉…200g

なす…小 3 本（250g）

ごま油…適量

塩、こしょう…各少々

おろしにんにく（チューブ）、
　　おろししょうが（チューブ）…各 3cm

A｜オイスターソース…大さじ 2
　｜鶏ガラスープの素…小さじ 2
　｜砂糖、しょうゆ…各小さじ 1
　｜水…100㎖

■水溶き片栗粉
　｜片栗粉…小さじ 2
　｜水…大さじ 1 と 1/2

万能ねぎ、白いりごま…各適量

ラー油…少々

作り方

❶ なすは 1cm厚さの斜め切りにする。

❷ フライパンにごま油大さじ 2 を中火で熱し、なすを 2 分ほど焼く。 上下を返してさらに 2 分ほど焼き、 塩、 こしょうをふって器に盛る。

❸ 続けてフライパンにごま油小さじ 1、 にんにく、 しょうがを入れて中火にかけ、 ひき肉を加えて色が変わるまで炒める。 **A** を加え、全体になじんで煮立つまで混ぜ、 水溶き片栗粉を回し入れてとろみをつける。

❹ ❷にかけ、 万能ねぎの小口切り、 白ごまをふり、 ラー油をかける。

※❸の肉あんは、 こんがり焼いたズッキーニ、 レンチンしたキャベツや木綿豆腐にかけてもおいしいです。

なすは少し多めのごま油で
香りよく、 こんがり焼いて

水溶き片栗粉は、
使う直前にしっかり
混ぜてからIN

秒で
なくなる

難易度 ★ ★ ☆ 　電子レンジで

肉だねにしっかり味がついているから、たれはつけずにどうぞ

調理時間
10
分

しいたけの ゆずこしょうシューマイ

材料（2人分）

豚ひき肉…100g

生しいたけ…6個

レタス…2〜3枚（70g）

冷凍枝豆（解凍し、さやから出す）…6粒

　　おろししょうが（チューブ）…2cm

A　ゆずこしょう…小さじ1

　　砂糖、しょうゆ…各小さじ1/2

作り方

❶ しいたけは軸を切り分け、軸は粗みじん切りにする。レタスは1cm幅に切り、耐熱皿に広げる。

❷ 厚手のポリ袋にひき肉、❶のしいたけの軸、Aを入れ、袋の上からもんで粘りが出るまで混ぜる。

❸ ❶の耐熱皿にしいたけをかさの内側を上にして並べる。❷の袋の端を切り落とし、かさに等分に絞り出す。表面を手で整え、枝豆を1粒ずつ差し込む。

❹ ラップをかけ、電子レンジで5分30秒ほど加熱する。レタスと一緒に食べる。

切り落とした軸は粗みじん切りにして、ひき肉だねに加える

あとで絞り出すので、ポリ袋は厚手のものがおすすめ

袋で混ぜてそのまま詰められるので、後片づけがラク

難易度 ★ ★ ☆　　フライパンで

照り焼き&タルタルソースをダブルで味わえる贅沢の極み

調理時間
15
分

サーモン照りたま

材料 (2人分)

サーモン…大 2 切れ(250g)

塩、こしょう…各少々

小麦粉…適量

サラダ油…小さじ 1

■**タルタルソース**

　ゆで卵…1 個

　らっきょうの甘酢漬け…40g

　マヨネーズ…大さじ 1 と 1/2

　塩…ひとつまみ

　粗びき黒こしょう…少々

■**照り焼きソース**〈混ぜる〉

　しょうゆ、酒、みりん…各大さじ 1/2

　砂糖…小さじ 1

葉物野菜（レタスなど）、パセリ（乾燥）

　…各適量

作り方

❶ タルタルソースを作る。 らっきょうは粗みじん切りにする。ボウルにすべての材料を入れ、ゆで卵を潰しながら混ぜる。

❷ サーモンは一口大に切り、 両面に塩、 こしょうをふり、 小麦粉を薄くまぶす。

❸ フライパンにサラダ油を中火で熱し、 ❷を焼き色がつくまで焼く。 上下を返して同様に焼き、 照り焼きソースを加えて煮からめる。

❹ 器に盛って葉物野菜を添え、 サーモンに❶をかけてパセリをふる。

玉ねぎの代わりにらっきょうをIN。
やさしい甘みがGOOD

焼く直前に粉をふることで、
カリッとした焼き上がりに

上下を返しながら
照り焼きソースをしっかりからめて

うなる
うまさ!

ぷりっ
ふーわ

難易度 ★ ★ ☆　　揚げ鍋で

〝ぷりぷりっ〟〝ふんわり〟の、食感のギャップが楽しい

調理時間 **15** 分

ふんわりえびカツ

材料 (2人分)

むきえび…100g

はんぺん…1枚（110g）

A ┃ 片栗粉…大さじ1
┃ 和風だしの素（顆粒）…小さじ1/2
┃ 塩、こしょう…各少々

マヨネーズ、パン粉…各適量

揚げ油…適量

葉物野菜（レタスやベビーリーフなど）、
　トマトケチャップ…各適量

作り方

❶ えびは2cm角程度に刻む。

❷ ポリ袋に❶、はんぺん、**A** を入れ、袋の上からはんぺんを潰しながら混ぜる。

❸ ❷を6等分して丸め、マヨネーズ、パン粉の順にまぶす。

❹ 揚げ油を180℃に熱し、❸を入れる。途中、上下を返しながら、カリッとするまで揚げる。器に盛り、葉物野菜、トマトケチャップを添える。

えびは歯ごたえを残したいので、大きめでOK

はんぺんを袋の上から潰しながら、よーくなじませて

マヨ→パン粉で衣づけがラク。マヨのコクでおいしさアップ

リピ
確定

難易度 ★ ★ ☆   電子レンジ、オーブントースターで

お手軽なさば缶を、チーズの香り漂うおしゃれなパン粉焼きに

調理時間
10
分

さば缶とトマトの じゃが重ね焼き

材料 (2人分)

さば水煮缶…1 缶 (190g)

トマト…小 1 個 (100g)

じゃがいも…小 1 個 (100g)

A
和風だしの素（顆粒）、
オリーブ油…各小さじ 1
しょうゆ…小さじ 1/2

パン粉、粉チーズ…各大さじ 1/2

パセリ…適量

作り方

❶ じゃがいもは皮つきのまま 5 ～ 6 等分の輪切りにする。 水にさっとくぐらせて耐熱皿にのせ、 ラップをかけて電子レンジで 2 分ほど加熱する。 トマトは 5 ～ 6 等分の輪切りにする。

❷ さば水煮缶は缶汁をきり、 ボウルに入れる。 軽くほぐし、 **A** を加えて混ぜる。

❸ 耐熱皿にトマトとじゃがいもを交互に並べ、 ❷をのせる。

❹ ❸の上にパン粉、 粉チーズを順にふり、 オーブントースターで焼き色がつくまで 5 分ほど焼く。 仕上げにパセリのみじん切りをふる。

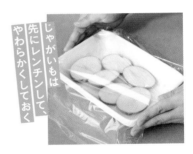

じゃがいもは、 先にレンチンして、 やわらかくしておく

さばはほぐしすぎず、 食べごたえを死守！

真ん中に一列にのせると、 見た目もいい感じに

どハマり

豆腐とえびのにんにくソース蒸し

難易度 ★ ☆ ☆

電子レンジで

レンジ蒸しにしたほかほか豆腐に、こってりソースと天かすが好相性

調理時間 **5** 分

材料 (2人分)

むきえび…6尾 (70g)

絹ごし豆腐…大 1/2 丁 (200g)

■ **にんにくソース** 〈混ぜる〉

おろしにんにく (チューブ)…4 〜 5cm

ポン酢しょうゆ…大さじ 1

ごま油…大さじ 1/2

オイスターソース…小さじ 1

万能ねぎ…適量

天かす…5g

作り方

❶ 豆腐は食べやすく 6 等分に切り、耐熱皿に並べる。えびを 1 尾ずつのせ、にんにくソースをかけ、ラップをかけて電子レンジで 2 分ほど加熱する。

❷ 万能ねぎの小口切り、天かすをのせる。

ソースはえびをめがけて、ジャーッ!

天かすの"カリカリッ"が、いいあんばいのアクセントに

難易度 ★ ★ ☆　フライパンで

きのこ×豆乳のクリーミー＆リッチなソースで満足感あり！

調理時間 **10** 分

きのこクリーム 豆腐ステーキ

材料（2人分）

絹ごし豆腐…大 1/2 丁（200g）
まいたけ…1/2 パック（50g）
マッシュルーム…4 個
塩、こしょう…各少々
小麦粉…適量
オリーブ油、マヨネーズ…各小さじ 1
  │ 塩、こしょう…各少々
A 豆乳（成分無調整）…80㎖
  │ 洋風スープの素（顆粒）…小さじ 1/2
パセリ（乾燥）、ピンクペッパー（あれば）
  …各適量

作り方

❶ まいたけは 6 等分にほぐし、マッシュルームは縦 5mm幅に切る。豆腐は縦半分に切り、両面に塩、こしょう、小麦粉を順にふる。

❷ フライパンにオリーブ油を強めの中火で熱し、豆腐を入れ、こんがりと焼き色がつくまで焼く。上下を返して同様に焼き、器に盛る。

❸ 続けてフライパンにまいたけ、マッシュルーム、マヨネーズを入れて中火にかけ、きのこがしんなりするまで炒める。**A** を順に加えて混ぜ、すぐに火を止める。❷にかけ、パセリ、あればピンクペッパーをふる。

小麦粉をふったら、粉がだれる前にすぐ焼いて

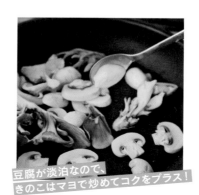

豆腐が淡泊なので、きのこはマヨで炒めてコクをプラス！

コクうま

ぷるぷる

難易度 ★ ☆ ☆　　電子レンジで

お口に入れるとおだしがジュワ〜。驚くほどふっくら、しっとり

飲めるレンチン卵焼き

調理時間
10
分

材料（2人分）

卵…2個
絹ごし豆腐…1/2丁（150g）
A｜ 白だし、水…各大さじ1
｜ 砂糖…小さじ1

作り方

❶ ボウルに豆腐を入れ、泡立て器でなめらかになるまでしっかり混ぜる。卵、**A** を加え、さらに混ぜる。

❷ 16×26cmの角形の耐熱皿にラップを大きめにはりつけるように敷き、❶を流し入れる。さらにラップをかけ、電子レンジで3分30秒ほど加熱する。

❸ 上にかけたラップを取り、皿に敷いたラップを持ち上げて卵をくるくると巻き、ラップで包んで4分ほどおく。食べやすい大きさに切る。

※耐熱皿の大きさなどにより、熱の通り具合が変わってきます。加熱されていない部分があれば、様子を見ながらさらに加熱して調整してください。

豆腐の粒がなくなるまでよ〜く混ぜて

ラップを敷いたところになめらかな卵液を入れて

ラップを持ち上げながら、端からくるくるっ！熱いのでやけどに気をつけて

そのまま4分放置して完成〜。でき立てがおいしいのでスグ食べて〜

とろぷる

難易度 ★ ★ ☆　　　　鍋で

難しそうな茶碗蒸しも、ポイントを押さえれば実は簡単！

調理時間
15
分

ぷるるん かにかま茶碗蒸し

材料 (2人分)

卵…2個

A
| 白だし…大さじ 2
| 水…300㎖

かに風味かまぼこ…40g

冷凍枝豆（解凍し、さやから出す）…10粒

作り方

❶ ボウルに卵、 **A** を入れ、 箸で白身を切るようにして混ぜ、 ざるでこす。

❷ 耐熱性の器2個にかにかまの1/4量を等分に入れる。 ❶を器の8分目まで流し入れ、 アルミホイルをかぶせてふたをする。

❸ 鍋に入れ、 底から2〜3㎝の高さまで水を注ぐ。 ふたをして強火にかけ、 沸騰したらごく弱火にし、 10分ほど蒸す。 火を止め、 ふたをしたまま10分ほどおき、余熱で火を通す。

❹ 残りのかにかまをほぐしながら等分にのせ、 枝豆ものせる。

こすことで、 すが立ちにくくなり、 舌ざわりがなめらかに

泡が立たないように、 そーっと流し入れるのも大事なポイント

ふたをして蒸しはじめたら、 途中で絶対にふたをあけないこと！

パイ生地代わりにクロワッサンを使った裏ワザバージョン！

オーブンに
入れるまで
10分

アスパラベーコンの クロワッサンキッシュ

材料 (直径15cmの丸型1台分)

卵…2 個

ベーコン （ブロック）…50g

グリーンアスパラガス…3 本

A
| 牛乳…100㎖
| 生クリーム…50㎖
| しょうゆ…小さじ 1/2
| 塩…ひとつまみ
| 粗びき黒こしょう…少々

クロワッサン…3 個

ピザ用チーズ…60g

※私のおすすめのクロワッサンは、Pasco のもの。 手頃な価格で、 サイズ感もぴったりです。

作り方

① オーブンは 190℃に予熱する。

② アスパラは皮むき器で下 1/4 の皮をむき、3 〜 4cm長さの斜め切りにする。 ベーコンは1cm四方の棒状に切る。

③ ボウルに卵、 **A** を入れ、 箸でよく混ぜる。

④ 型にオーブン用シートをくしゃくしゃにしてからざっくりと敷き、 クロワッサンを押し潰しながら側面に 2 個、 底に 1 個敷き詰める。 ②、ピザ用チーズのそれぞれ半量を入れて③を流し入れ、 残りの②、 ピザ用チーズを散らす。

⑤ 190℃のオーブンに入れ、 35 分ほど焼く。中心に竹串を刺してみて、 液状の生地がつかなければ焼き上がり。冷めたら型からはずす。

まずは側面から。
型に沿って押しつけるとGOOD

直径15cmの丸型なら、
クロワッサン3個が
シンデレラフィット

かくし味のしょうゆでコクを
足した卵液を流し入れる

裏ワザ

野菜1つで作るプチ惣菜

野菜1つだって、味も見た目もおいしいデリ惣菜が作れます。
選りすぐりの5品をご紹介！

調理時間
10
分

難易度 ★ ☆ ☆

フライパンで

ごまみそなす

とろとろなすに、にんにく風味の
甘辛いみそだれをからめて

ご飯
どろぼう

材料（2人分）

なす…4本（400g）

ごま油…大さじ2

■ **みそだれ**〈混ぜる〉
　おろしにんにく（チューブ）…2cm
　酒、みそ…各大さじ2
　砂糖…大さじ1

白いりごま、万能ねぎ…各適量

作り方

❶ なすは大きめの一口大の乱切りにする。

❷ フライパンにごま油を中火で熱し、❶を皮から焼く。皮にしわができたら上下を返し、水大さじ2を加えてふたをし、2分30秒ほど蒸し焼きにする。

❸ みそだれを加え、混ぜながら全体にからめる。器に盛り、白ごま、万能ねぎの小口切りをふる。

皮が
しわしわしてきたら、
返すタイミング

まるごとトマトのしょうがポンマリネ

口に入れるとうまみがジュワ〜っと広がり、からだにしみわたる

難易度 ★☆☆

鍋で

調理時間 **5**分

材料（2人分）

トマト…小2個（200g）
■ **しょうがポンマリネ液**
　おろししょうが(ぜひ生のしょうがで!)
　　…小さじ1/2
　ポン酢しょうゆ…大さじ2
　オリーブ油…小さじ1
削りがつお(花がつお)、万能ねぎ…各適量

作り方

❶ トマトはへたのまわりに包丁の刃先を差し込んでくり抜く。

❷ 鍋に湯を沸かして中火にし、❶を入れ、皮がめくれてきたら取り出す。冷水にとり、皮をむく。

❸ 厚手のポリ袋にしょうがポンマリネ液の材料を入れ、袋の上からもんで混ぜる。❷を加え、冷蔵庫で1時間以上漬ける（たれの量が少ないので、途中で袋の上下を返すと、味が均一になじむ）。

❹ マリネ液ごと器に盛り、削りがつおをのせ、万能ねぎの小口切りをふる。

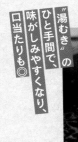
"湯むき"のひと手間で、味がしみやすくなり、口当たりも◎

ヤバすぎ

難易度
★☆☆

火を使わない

調理時間
8
分

無限きゅうり

"パリポリ"と歯ごたえが楽しく、
いくらでも食べられる

材料（4本分）

きゅうり…4本

塩…小さじ1/4

■ ピリ辛ポン酢だれ

　おろしにんにく（チューブ）…3cm

　赤唐辛子の小口切り…2本分

　ポン酢しょうゆ…大さじ3

　鶏ガラスープの素、ごま油…各小さじ1

白いりごま…適量

作り方

❶ きゅうりはまな板にのせて塩をふり、転が
して板ずりし、洗う。

❷ きゅうりの両側に箸を置き、切り離さない
ようにしながら、箸に当たるまで1～2mm間
隔で斜めに切り目を入れる。上下を返し、
同様の間隔でまっすぐに切り目を入れる。

❸ 厚手のポリ袋にピリ辛ポン酢だれの材料
を入れ、袋の上からもんで混ぜる。❷を加え、
冷蔵庫で1時間以上漬ける。

❹ 器に盛り、白ごまをふる。

はじめは斜めに
切り目を入れて

裏側はまっすぐに
切り目を入れる

ビヨーンと
のびます

材料（3 〜 4人分）

赤パプリカ、黄パプリカ…各 1 個
ローズマリー…1 〜 2 本
オリーブ油…小さじ 2
■ マリネ液〈混ぜる〉
　酢…大さじ 3
　砂糖…大さじ 1 と 1/2
　塩麹…小さじ 2
　オリーブ油…小さじ 1

作り方

❶ パプリカは縦 2cm幅に切る。

❷ フライパンにオリーブ油を中火で熱し、❶ を皮を下にして並べ、焼き色がつくまで焼く。上下を返し、ローズマリー、水大さじ 2 を加えてふたをし、3 分ほど蒸し焼きにする。

❸ バットにマリネ液を入れ、パプリカ、ローズマリーを加え、ラップをかけて冷蔵庫で 1 時間以上漬ける。

ローズマリーのいい香りを移しながら、蒸し焼きに。

鮮やか

塩麹のうまみを感じる、さっぱりとした味わい

パプリカのエスカベッシュ

難易度 ★☆☆

フライパンで

調理時間
10
分

大根のがりバタステーキ

難易度 ★☆☆

オイスターソース×バターで、満足感のあるしっかり味に

電子レンジ、フライパンで

調理時間 **10** 分

材料（2人分）

大根…8cm（300g）
にんにく…1片
バター…適量
オイスターソース…大さじ 1/2
貝割れ菜…適量

作り方

❶ 大根は 2cm厚さの輪切りにし、両面に格子状の切り目を縦横 3 本ずつ入れる。耐熱皿にのせ、ラップをかけて電子レンジで 3 分ほど加熱する（竹串がスッと通るまでやわらかくなれば OK）。にんにくは薄切りにする。

❷ フライパンにバター 20 gを中火で溶かし、にんにく、大根を入れて焼く。にんにくは両面焼き色がついたら先に取り出す。大根は両面を 2 分ずつ、しっかりと焼き色がつくまで焼く。

❸ オイスターソースと、水大さじ 1 を加え、全体にからめる。器に盛り、にんにくを散らしてバター適量をのせ、貝割れ菜を添える。

焼く前にレンチンして、時短！

にんにくは焦げると苦いので、先に取り出して

PART 2

デリサラダ

デパ地下で売っているような
デリサラダがおうちで手軽に作れます。
メインのおかずになるようながっつり系サラダや、
おもてなしにもぴったりの華やか系サラダなど、
バリエーション豊かにお届け!

難易度 ★★☆ 電子レンジ、フライパンで

ゴロゴロとしたゆで卵やベーコンをINした極上の味わい

調理時間
15
分

ベーコンペッパーポテサラ

材料（2人分）

じゃがいも…小2個（200g）

ベーコン（ブロック）…50g

ゆで卵…1個

玉ねぎ…1/8個

おろしにんにく（チューブ）…2cm

オリーブ油…少々

A
| マヨネーズ…大さじ1と1/2
| 和風だしの素（顆粒）…小さじ1/2
| 塩、こしょう…各少々
| 粗びき黒こしょう…ひとつまみ

粗びき黒こしょう…適量

作り方

❶ じゃがいもは皮つきのまま大きめの一口大に切り、耐熱ボウルに入れる。水大さじ1を回し入れ、ラップをかけて電子レンジで4分ほど加熱する（竹串がスッと通るまでやわらかくなればOK）。そのまま粗熱をとる。

❷ 玉ねぎは薄切りにし、水に5分ほどさらして、水けをしっかり絞る。ベーコンは1cm四方の棒状に切る。

❸ フライパンにオリーブ油を中火で熱し、ベーコン、にんにくを入れ、ベーコンに焼き色がつくまで炒め、取り出す。

❹ ❶の皮を除き、フォークで潰す。❷、❸、Aを加えて混ぜ、ゆで卵を加えてフォークでざっくりと潰しながらさっと混ぜる。器に盛り、黒こしょうをふる。

水を加えると表面が乾かず、皮もペロッとむける

じゃがいもが熱ければ、フォークで刺して皮をむくと◎

ゆで卵は潰しすぎず、形を残すと見た目もバッチリ！

ごちそう

難易度 ★ ★ ☆　フライパンで

こんがり、ジューシーなチキンと甘酸っぱいソースが好相性

調理時間
20
分

グリルチキンハニーマスタードサラダ

材料 (2人分)

鶏もも肉…大1枚（350g）

ゆで卵…1個

ミニトマト…4個

ミックスビーンズ…30g

葉物野菜（レタスやベビーリーフなど）…80g

にんにく…1片

塩、こしょう…各ふたつまみ

オリーブ油…大さじ1/2

白ワイン（または酒や水）…50㎖

■ ハニーマスタードソース〈混ぜる〉

マヨネーズ…大さじ1

酢、粒マスタード、はちみつ…各小さじ1

作り方

❶ 鶏肉は冷蔵庫から出して30分～1時間おき、常温にもどす。

❷ ゆで卵は4等分に切る。ミニトマトは半分に切り、にんにくは薄切りにする。葉物野菜は大きければ食べやすくちぎる。鶏肉は厚い部分に切り目を入れて厚みを均一にし、両面に塩、こしょうをふる。

❸ フライパンににんにくとオリーブ油を入れて強めの中火にかけ、香りが立ったらにんにくを端に寄せ、あいたところに鶏肉を皮目を下にして入れ、焼き色がつくまで焼く。にんにくは両面に焼き色がついたら先に取り出す。

❹ 鶏肉の上下を返して白ワインを加え、ふたをして中火で4分ほど蒸し焼きにする。取り出して、大きめの一口大に切る。

❺ 器に葉物野菜を敷いてミックスビーンズ、❹、にんにく、ミニトマト、ゆで卵をのせ、ハニーマスタードソースをかける。

葉物野菜は洗った後、サラダスピナーなどでしっかり水けをきって

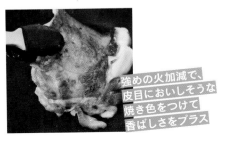

強めの火加減で、皮目においしそうな焼き色をつけて香ばしさをプラス

さっぱり

難易度 ★ ★ ☆　　　鍋で

レモンの酸味でさわやかに。仕上がりも彩り鮮やか！

調理時間
10
分

いかレモンマリネ

材料（2人分）

いかの胴…3 ばい分（200g）

紫玉ねぎ（または玉ねぎ）…1/4 個

にんじん…1/3 本（50g）

貝割れ菜…1 パック

レモンの薄い輪切り…4 枚

塩、こしょう…各少々

■ **マリネ液**〈混ぜる〉

　酢…大さじ 2

　砂糖…大さじ 1

　粒マスタード、オリーブ油…各小さじ 1

　塩…ひとつまみ

作り方

❶ いかは 1cm幅の輪切りにし、塩、こしょうをまぶす。鍋に湯を沸かしていかを入れ、中火で 1 分 30 秒ほどゆで、ざるに上げて粗熱をとる。

❷ 紫玉ねぎは薄切りにし、にんじんは細切りにする。レモンは半分に切る。

❸ ボウルに❶、❷、貝割れ菜、マリネ液を入れてあえる。落としラップをし、冷蔵庫で 1 時間ほど冷やす。

※ 1 時間以上冷やす場合は、レモンは食べるときに加えてください。長時間漬けるとレモンの苦みが目立ってしまいます。

マリネ液は、マスタードの
酸味や風味をアクセントに

具材に沿わせるように、
ラップをぴったりと
かけて冷蔵庫へ

甘辛いコチュジャンで、ご飯にもよく合うしっかり味に

調理時間
15
分

牛肉とごぼうの コチュサラダ

材料 (2人分)

牛切り落とし肉…200g

ごぼう…1/3 本（60g）

にんじん…縦 1/2 本（70g）

春菊…1/2 袋（80g）

ごま油…大さじ 1

塩、こしょう…各少々

■ **コチュだれ**〈混ぜる〉

　おろしにんにく（チューブ）…2cm

　ポン酢しょうゆ…大さじ 1 と 1/2

　コチュジャン…大さじ 1

白いりごま…適量

作り方

❶ にんじんは皮つきのまま皮むき器で縦に薄くそぐ。ごぼうも同様にそぎ、水に 5 分ほどさらして水けを拭く。春菊は葉を摘み、氷水に 5 〜 10 分さらして水けをしっかりきり、器に盛る。茎は長さを 3 等分に切る。

❷ 牛肉はポリ袋に入れ、コチュだれを加えて袋の上からもみ、味をなじませる。

❸ フライパンにごま油を強めの中火で熱し、ごぼう、にんじん、春菊の茎を入れて 1 分 30 秒ほど炒める。塩、こしょうで調味し、❶の器に盛る。

❹ 続けて❷をほぐしながら中火で炒め、火が通ったら❸の上に盛り、白ごまをふる。

ひらひらのリボン状にすると火通りが早く、時短！

ポリ袋を使うと、少ない調味料でも効率よくなじむ

炒めすぎず、シャキッとした食感を残すのがおいしさの秘訣

とりこ
虜になる

シャキ
シャキ

難易度 ★ ★ ☆   鍋で

だしの素&オリーブ油で、絶品のたらこドレッシングに

調理時間
10
分

れんこんと　たらこの和サラダ

材料（2人分）

れんこん…200g

たらこ…30g

水菜…1株（30g）

酢…適量

A
| オリーブ油…大さじ1
| 和風だしの素（顆粒）…小さじ1/2

白いりごま…適量

作り方

❶ れんこんは5mm厚さの半月切りにする。酢水（水500mℓに対して酢大さじ1が目安）に5分ほどさらし、水けをきる。水菜は食べやすく切る。

❷ 鍋にれんこんを入れて水をかぶるくらい注ぎ、強火にかける。沸騰したら中火にし、1分ほどゆでる。湯をきって冷水にさらし、水けをしっかりきる。

❸ たらこは薄皮を除いてボウルに入れ、**A**を加えて混ぜる。れんこんを加え、あえる。

❹ 器に水菜、❸を交互にタワー状に盛り、白ごまをふる。

酢水にさらし、アク抜きしながら白さをキープ

歯ごたえよくゆでたれんこんにたらこドレをまとわせて

水菜と交互に3回重ね、タワー状に盛ると見栄えがいい

爆食べ

難易度 ★ ★ ☆ 　　　鍋で

おかか×クリチでスモークチーズのような味わいに

おかかチーズ
ブロッコリーサラダ

材料 (2人分)

ブロッコリー…小1株（250g）

ゆで卵…1個

クリームチーズ…20g

ラディッシュ…1個

削りがつお(花がつお)…ひとつまみ(2g)

■ポン酢ドレッシング

　ポン酢しょうゆ…小さじ2

　和風だしの素（顆粒）、

　　米油（またはサラダ油）…各小さじ1/2

作り方

❶ ブロッコリーは小房に分け、茎は皮を厚めにむいて小さめの一口大に切る。鍋に湯を沸かして4分ほどゆで（竹串がスッと通ればOK）、ざるに上げて粗熱をとる。

❷ ラディッシュは薄い輪切りにし、ゆで卵は4等分に切る。

❸ ボウルにポン酢ドレッシングの材料を入れて混ぜ、クリームチーズをちぎりながら加える。❶、削りがつおも加え、あえる。

❹ ❷を加え、やさしく2～3回あえる。

存在感のあるひらひらの
花がつおを使うのが味の決め手

ブロッコリーの茎の皮は
筋っぽいので、厚めにむいて

ラディッシュ、ゆで卵は後入れし、
さっとあえて色みを生かす

うま
うま

キャベツとザーサイのやみつきサラダ

ザーサイとの味のバランスのいい煮卵を使うのがポイント

難易度 ★ ★ ☆

鍋で

調理時間
8
分

材料（2人分）

キャベツ…1/4個（300g）

しらす干し…30g

ザーサイ（味つき）…30g

煮卵（市販）…1個

塩…適量

| 白いりごま、ごま油…各小さじ1
A 鶏ガラスープの素…小さじ1/2
| 塩、こしょう…各少々

作り方

❶ キャベツはざく切りにする。鍋に湯を沸かして塩（湯1ℓに対して塩小さじ2が目安）を加え、キャベツを1分ほどゆでる。ざるに上げて粗熱をとり、水けを軽く絞る。

❷ ザーサイは大きければ刻む。煮卵は4等分に切る。

❸ ボウルにしらす干し、ザーサイ、❶、**A**を入れ、あえる。器に盛り、煮卵を添える。

さっとゆでることで、かさが減ってたっぷり食べられる

水けは強くギューッとではなく、軽く絞ればOK

ミックスナッツのカリカリとした弾ける食感が後を引く

調理時間
10
分

かぼちゃの ハニーナッツサラダ

材料 (2人分)

かぼちゃ…1/8 個（200g）

ミックスナッツ（有塩）…20g

A｜
クリームチーズ…20g
豆乳（成分無調整・または牛乳）…大さじ 2
白練りごま…小さじ 2
はちみつ…小さじ 1
塩…ひとつまみ

チャービル（あれば）…適量

作り方

❶ クリームチーズは常温に戻す。ミックスナッツは粗く刻む。

❷ かぼちゃは一口大に切り、耐熱ボウルに入れる。水大さじ 1 を回しかけ、ラップをかけて電子レンジで 3 分 30 秒ほど加熱する(竹串がスッと通るまでやわらかくなれば OK)。

❸ ❷の水けがあれば拭き取り、熱いうちにナッツ、A を加え、かぼちゃを潰しながら混ぜる。器に盛り、あればチャービルを添える。

※白練りごまの代わりにピーナッツバター（無糖）でも OK。加糖タイプの場合は、はちみつの量を少し減らしてください。

水を加えてからチン！
表面がかさつかず、しっとり仕上がる

練りごまやクリチのコクが
加わり、濃厚でハマるサラダに

かぼちゃの潰し具合はお好みで。
私はガッツリ潰す派です

おしゃうま

きゅうりと生ハムのひらひらサラダ

きゅうりの軽快な歯ざわり、レモンの酸味が食欲をそそる

難易度 ★ ☆ ☆

火を使わない

調理時間
8
分

材料（2人分）

生ハム…50g

きゅうり…2本

貝割れ菜…1/2パック

A
| レモン汁…小さじ 2
| 砂糖…小さじ 1
| オリーブ油…小さじ 1/2
| 塩…ひとつまみ

粉チーズ、粗びき黒こしょう…各適量

作り方

❶ きゅうりは皮むき器で縦に薄くそぐ。

❷ ボウルに **A** を入れて混ぜ、 ❶、 貝割れ菜と、 生ハムをちぎりながら加え、 あえる。

❸ 器に盛り、 粉チーズと黒こしょうをふる。

※時間をおくと、 きゅうりから水分が出て味がぼやけてしまうので、 作ったらすぐに食べてください。

極薄にスライスすると、 みずみずしくて見栄えもバッチリ

全体に味がからむように、 ふんわりとあえるのがコツ

難易度 ★ ★ ☆　　フライパンで

粗みじんに切ったにんにくが大事な味のアクセントに

調理時間
10
分

焼きなすとトマトの ひんやりマリネ

材料（2人分）

なす…2本（200g）

トマト…小2個（200g）

にんにく…2片

オリーブ油…大さじ1

■**マリネ液**〈混ぜる〉
　ポン酢しょうゆ…大さじ2
　オリーブ油…大さじ1
　和風だしの素（顆粒）…小さじ1

パセリ（乾燥）…適量

作り方

❶ なすは2cm厚さの輪切りにし、トマトは4等分のくし形切りにする。にんにくは粗みじん切りにする（小さいと焦げやすいので大きめに！）。

❷ フライパンににんにく、オリーブ油を入れて中火にかけ、香りが立ったらなすを加え、1分ほど焼く。焼き色がついたらなすの上下を返し、トマト、水大さじ2を加え、ふたをして1分30秒ほど蒸し焼きにする。

❸ バットにマリネ液を入れ、❷を加え、時々上下を返しながら味をなじませる。粗熱がとれたら、冷蔵庫で1時間以上冷やす。食べるときにパセリをふる。

なすはこんがり焼くと味がなじみやすく、香ばしさで風味プラス

トマトを加えたら、形がくずれないようさっと火を通す

粗熱がとれるまで、時々上下を返して味をなじませて

ゾッコン

（ 難易度 ★ ☆ ☆ ）　　火を使わない

ツナ、マヨ、みそでコク満点！　ディッシャーでかわいく盛りつけ

カラフルお豆と
おからのツナサラダ

調理時間
3
分

材料 (2人分)

ミックスビーンズ…30g

生おから…80g

ツナ缶 (オイル漬け)…40g

マヨネーズ…大さじ1

みそ…小さじ 1/2

作り方

❶ ボウルにすべての材料 (ツナ缶は缶汁ごと) を入れ、混ぜる。 好みでディッシャーですくって器に盛る。

先に豆を
数粒入れてから
すくうと、豆が表面に
見えてかわいい

難易度 ★ ★ ☆　　電子レンジで

春雨はレンチンしながらもどして時短。ピリリと辛くて箸が進む

マーラー
麻辣春雨サラダ

調理時間
8
分

材料 (2人分)

春雨（緑豆）…30g

にんじん…1/4本

にら…1/5束

豆もやし（またはもやし）…1/2袋

■ 麻辣だれ〈混ぜる〉

　おろしにんにく（チューブ）…2cm

　ポン酢しょうゆ…大さじ1

　豆板醤、ごま油…各小さじ1

　ラー油…少々

糸唐辛子…適量

作り方

❶ にんじんは細切りにし、にらは5～6cm長さに切る。

❷ 耐熱ボウルに春雨を入れて水120㎖を回しかけ、にんじん、豆もやし、にらを順にのせる。ラップをかけ、電子レンジで4分ほど加熱する。

❸ ざるにあけて水けをきり、ボウルに戻す。麻辣だれを加え、あえる。器に盛り、糸唐辛子をのせる。

難易度 ★ ☆ ☆　　火を使わない

卵黄とアボカドをくずしながら、からめてどうぞ

アボたまシーザーサラダ

調理時間
5
分

材料 (2人分)

アボカド…1/2 個

生ハム…2 枚

卵黄…1 個分

葉物野菜（レタスやベビーリーフなど）…80g

ラディッシュ…1 個

■シーザードレッシング〈混ぜる〉

　プレーンヨーグルト、マヨネーズ、

　　粉チーズ…各大さじ 1

　おろしにんにく（チューブ）…2㎝

　砂糖…小さじ 1

　粗びき黒こしょう…適量

作り方

❶ アボカドは皮をむく。 ラディッシュは薄い輪切りにする。

❷ 器に葉物野菜を盛り、 中心にアボカドをのせ、 くぼみに卵黄を落とす。 まわりに生ハムとラディッシュをのせ、 シーザードレッシングをかける。

PART 3

デリごはん＆麺

電子レンジや炊飯器、フライパン1つなどで手軽に
作れるご飯や麺をご紹介。ひと皿で満足できるので、
ほかにあれこれ何品も作らなくていいから
後片づけもラク。晩ごはんはもちろん、
手軽にすませたいランチにもおすすめです。

おかわり
確定

難易度 ★ ★ ☆　　電子レンジで

電子レンジなのに、まるで長時間煮込んだみたいな味わい

ポークビーンズライス

調理時間
10
分

材料（2人分）

豚こま切れ肉…200g

蒸し大豆…100g

玉ねぎ…1/2 個

塩、こしょう…各少々

A
| おろしにんにく（チューブ）…3cm
| トマトジュース（食塩不使用）…250mℓ
| 洋風スープの素（顆粒）…小さじ 2
| 中濃ソース…大さじ 1/2
| 砂糖…小さじ 1

みそ…大さじ 1/2

温かいご飯、パセリ（乾燥）…各適量

作り方

❶ 玉ねぎは薄切りにし、大きめの耐熱ボウルに入れる。ラップをかけ、電子レンジで 3 分ほど加熱する。

❷ 豚肉は塩、こしょうをふる。

❸ ❶に❷、大豆、A を加え、豚肉を箸でほぐす。ラップをかけ、電子レンジで 5 分ほど加熱する。みそを加え、溶き混ぜる。

❹ 器にご飯を盛って❸をかけ、パセリをふる。

※盛りつけた後に好みで生クリームをかけると、さらにリッチな仕上がりになります。

先に玉ねぎをレンチンし、辛みを除いて甘みを引き出す

肉をほぐし忘れると、1 つにかたまってしまうので気をつけて

みそはトマト味と相性抜群。味にぐっと深みが増す

リッチな味わいのえびクリームがご飯にからんで美味

調理時間
15
分

えびクリームライス

材料 (2人分)

むきえび…200g

マッシュルーム…1 パック

玉ねぎ…1/2 個

バター…20g

塩、こしょう…各少々

A | 牛乳…150mℓ
| 生クリーム…80mℓ
| 洋風スープの素（顆粒）…小さじ 2
| 塩…ふたつまみ
| こしょう…ひとつまみ

■水溶き片栗粉
| 片栗粉、水…各大さじ 2

温かいご飯、パセリ（乾燥）…各適量

作り方

❶ マッシュルームは縦 5mm幅に切り、 玉ねぎ
は薄切りにする。

❷ 大きめの耐熱ボウルに玉ねぎ、 バター、
塩、 こしょうを入れてラップをかけ、 電子レン
ジで 3 分ほど加熱する。 マッシュルーム、
えび、 **A** を加えて混ぜ、 ラップをかけて再度
5 分ほど加熱する。

❸ 水溶き片栗粉を加えて混ぜ、 ラップをかけ
ずに再度 1 分ほど加熱する。 取り出して、 と
ろみがつくまでよく混ぜる。

❹ 器にご飯を盛って❸をかけ、パセリをふる。

牛乳と生クリームを加え、
コクのある
まろやかなクリーム煮に

水溶き片栗粉はしっかり
溶き混ぜてから加える

レンチンしてすぐに混ぜれば、
ダマにならない

濃厚
とろ〜り

爆食い

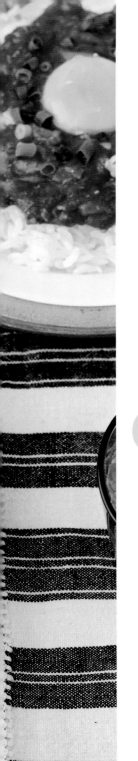

さば缶キーマカレー

さばの甘みやうまみ、トマトの酸味が味に奥行きをプラス

難易度 ★ ☆ ☆

電子レンジで

調理時間
5
分

材料（2人分）

さばみそ煮缶…1 缶（190g）

A
| おろしにんにく（チューブ）…3cm
| カットトマト缶…1/2 缶（200g）
| カレー粉…大さじ 2
| 中濃ソース…大さじ 1
| 和風だしの素（顆粒）…小さじ 2
| 砂糖…小さじ 1

卵黄…2 個分

温かいご飯、万能ねぎ…各適量

作り方

❶ 大きめの耐熱ボウルにさばみそ煮缶を缶汁ごと入れて**A**を加え、さばを細かくほぐす。ラップをかけ、電子レンジで 4 分ほど加熱する。

❷ 器にご飯を盛って❶をかけ、卵黄を1個ずつのせ、万能ねぎの小口切りをふる。

さばみそ煮缶は、うまみが詰まった缶汁も余さず使用

さばは細かくほぐすと"ドライカレー感"が出る

もっちもち

難易度 ★ ☆ ☆　　　炊飯器で

アレのおかげで、もち米なしでも〝もちもち食感〟を再現

スイッチオン!
まで
8分

中華ちまき

材料（4人分）

米…2合（360㎖）

チャーシュー（ブロック）…150g

生しいたけ…4個

ゆでたけのこ…100g

にんじん…50g

切りもち…1個

A
| おろししょうが(チューブ)…2cm
| 酒、しょうゆ、オイスターソース
|　　…各大さじ1
| 和風だしの素（顆粒）…小さじ2

具材を加える前に軽く混ぜ調味料を全体になじませる

作り方

❶ 米は洗って水けをきる。

❷ チャーシュー、しいたけ、たけのこは1cm角に切る。にんじんは粗みじん切りにする。

❸ 炊飯器の内釜に❶、Aを入れ、2合の目盛りまで水を注ぎ、軽く混ぜる。❷、切りもちをのせ、炊飯する。

❹ 炊き上がったら、もちの形が見えなくなるまで切り混ぜる。好みで丸く握っても。

もちを1個入れると、もち米で作ったみたいな〝もちもち〟に

炊き上がったらすぐ、もちの存在がなくなるまでなじませて

ばかウマ

難易度 ★ ☆ ☆ 　炊飯器で

もりもり食べたい時の欲望を満たす、ガッツリ系

ごま油香る ねぎ豚ご飯

材料（4人分）

米…2合（360㎖）

豚バラ薄切り肉…150g

長ねぎ…1/2本

塩、こしょう…各少々

A　| 鶏ガラスープの素、酒、
　　| しょうゆ、みりん…各大さじ1

ごま油、白いりごま…各大さじ1

作り方

スイッチオン！
まで
5分

❶ 米は洗って水けをきる。

❷ 長ねぎは小口切りにする。豚肉は長さを3〜4等分に切り、塩、こしょうをふる。

❸ 炊飯器の内釜に❶、A を入れ、2合の目盛りまで水を注ぎ、軽く混ぜる。豚肉をのせてほぐし、ねぎをのせて炊飯する。

❹ 炊き上がったらごま油、白ごまを加えて切り混ぜる。

難易度 ★ ☆ ☆　　　炊飯器で

サーモン、塩麹のうまみ、コーンの甘みがしみたバターライスがやみつき

サーモンもろこしバターライス

材料 (2人分)

米…1.5 合（270㎖）

サーモン…2 切れ(160g)

ホールコーン缶…1 缶（190g）

塩麹…大さじ 1/2

和風だしの素（顆粒）…大さじ 1

塩…小さじ 1/2

バター…10g

粗びき黒こしょう…ひとつまみ

青じそ…4 枚

作り方

スイッチオン！
まで
5分

❶ 米は洗って水けをきる。

❷ サーモンは全体に塩麹を塗る。

❸ 炊飯器の内釜に❶、 コーン缶の缶汁を入れ、 1.5 合の目盛りまで水を注ぐ。 コーン、 和風だしの素、 塩を加え、 軽く混ぜる。 ❷ をのせ、 炊飯する。

❹ 炊き上がったらサーモンを取り出し、 ご飯にバター、 黒こしょうを加えて切り混ぜる。 サーモンとともに器に盛り、 青じそを添える。

うめえ〜

難易度 ★ ☆ ☆　　　炊飯器で

長いもは丸ごとど〜んとIN。ホクホク感がクセになる

長いもとベーコンの マスタードご飯

スイッチオン！
まで
5分

材料（4人分）

米…2合（360㎖）

ベーコン（ブロック）…50g

長いも…200g

A ┃ おろしにんにく（チューブ）…2cm
┃ 洋風スープの素（顆粒）、酒…各大さじ1
┃ 粒マスタード…小さじ2

バター…10g

粉チーズ、パセリ…各適量

作り方

❶ 米は洗って水けをきる。

❷ 長いもはひげ根があれば手で抜く。ベーコンは1cm四方の棒状に切る。

❸ 炊飯器の内釜に❶、**A**を入れ、2合の目盛りまで水を注ぎ、軽く混ぜる。❷をのせ、炊飯する。

❹ 炊き上がったらバター、粉チーズ大さじ1を加え、長いもを小さめの一口大にくずしながら切り混ぜる。器に盛り、パセリのみじん切り、好みでさらに粉チーズ適量をふる。

難易度 ★ ☆ ☆　　　炊飯器で

甘酸っぱい梅干しで後味さっぱり。何度も食べたい

梅しらすわかめご飯

スイッチオン！
まで
5分

材料（4人分）

米…2合（360㎖）

しらす干し…30g

カットわかめ（乾燥）…5g

梅干し（塩分10%のもの）…大2個（70g）

A ┃ みりん…大さじ2
┃ 和風だしの素（顆粒）…大さじ1
┃ 塩…小さじ1/3

白いりごま…大さじ2

作り方

❶ 米は洗って水けをきる。

❷ わかめは大きい場合は、めん棒などでたたき、細かくする。

❸ 炊飯器の内釜に❶、**A**を入れて2合の目盛りまで水を注ぎ、さらに50㎖を足して、軽く混ぜる。梅干し、❷をのせ、炊飯する。

❹ 炊き上がったらしらす干し、白ごまを加え、梅干しをくずしながら種を除き、切り混ぜる。

桜えびの風味が広がって、抱えて食べたいおいしさに

香ばし えび枝豆ご飯

材料（4人分）

米…2合（360㎖）

桜えび…10g

冷凍枝豆…300g（さやから出して150g）

しょうが…1かけ

A｜　和風だしの素（顆粒）、酒、しょうゆ、
　｜　みりん…各大さじ1

作り方

スイッチオン！まで **5**分

❶ 米は洗って水けをきる。

❷ 枝豆は解凍してさやから出す。しょうがはせん切りにする。

❸ 炊飯器の内釜に❶、**A**を入れ、2合の目盛りまで水を注ぎ、軽く混ぜる。❷をのせ、炊飯する。

❹ 炊き上がったら桜えびを加え、ふたをして5分ほど蒸らし、切り混ぜる。

箸が止まらん

難易度 ★ ☆ ☆　　炊飯器で

包丁いらず！　手抜き感を抱かせない上品なお味

あさり青のりバターご飯

材料（4人分）

米…2合（360㎖）

冷凍あさり（むき身）…150g

A｜ 和風だしの素（顆粒）、酒、しょうゆ、
｜　 みりん…各大さじ 1

バター…20g

青のり…大さじ 1/2

作り方

スイッチオン！まで**5**分

❶ 米は洗って水けをきる。

❷ 炊飯器の内釜に❶、**A**を入れ、2合の目盛りまで水を注ぎ、軽く混ぜる。あさりを凍ったままのせ、炊飯する。

❸ 炊き上がったらバター、青のりを加え、切り混ぜる。

鍋、ざる、ボウルいらずで、1人分の極うまパスタが完成！

調理時間
15
分

きのこごま油ペペロンチーノ

材料（1人分）

スパゲッティ（7分ゆでのもの）…80g
好みのきのこ（しいたけ、まいたけ、
　　えのきたけなど）…合わせて 170g
にんにく…1片
赤唐辛子…1本
ごま油…適量
塩…ふたつまみ
　| 和風だしの素（顆粒）…小さじ1
A
　| しょうゆ…小さじ 1/3
青じそ…2枚
粗びき黒こしょう…適量

作り方

❶ しいたけは薄切りにし、まいたけはほぐす。えのきたけは食べやすい長さに切ってほぐす。にんにくは粗みじん切りにする。赤唐辛子は種を除く。

❷ フライパンにごま油小さじ1、にんにく、赤唐辛子を入れて弱火にかけ、ふつふつしてきたら水 300㎖を加え、中火にする。煮立ったらスパゲッティ、塩を加え、ふたをして4分ほど煮る。

❸ ❶のきのこを加え、ふたをしてさらに3分ほど煮る。**A**を加え、全体に味がなじむまで混ぜる。器に盛り、黒こしょうをふってごま油少々をかけ、青じそのせん切りをのせる。

にんにく、赤唐辛子の香りを
引き出したら水を加える

スパゲッティは別ゆでせずに
そのまま加えるから、
もっちり食感！

スパゲッティの表示時間の
3分前にきのこを投入

難易度 ★ ★ ☆ フライパン1つで

かくし味にみそを加えたトマトソースが絶品！

調理時間
10
分

トマトクリームパスタ

材料（1人分）

スパゲッティ（7分ゆでのもの）…80g

ベーコン（ブロック）…30g

にんにく…1片

| カットトマト缶…1/2缶（200g）

A 洋風スープの素（顆粒）…小さじ 1/2

| 砂糖、みそ…各小さじ 1

オリーブ油…小さじ 1

塩…ふたつまみ

生クリーム…大さじ 2

粉チーズ、パセリ（乾燥）…各適量

作り方

❶ にんにくは粗みじん切りにし、ベーコンは1cm四方の棒状に切る。

❷ フライパンにオリーブ油、にんにくを入れて弱火にかけ、ふつふつしてきたら水 300㎖を加えて中火にする。煮立ったらスパゲッティ、塩を加え、ふたをして 6 分ほど煮る。

❸ ベーコン、**A** を加え、ふたをしてさらに 1分ほど煮る。生クリームを加え、手早く混ぜる。器に盛り、粉チーズ、パセリをふる。

難易度 ★ ★ ☆　　フライパン1つで

これでもかとアボカドをたっぷりと。レモンの酸味がマッチ！

調理時間
10
分

アボカドと生ハムの
レモンパスタ

材料（1人分）

スパゲッティ（7分ゆでのもの）…80g

アボカド…1個

生ハム…大1枚（15g）

白だし…大さじ2

A ┤ オリーブ油…小さじ1
┤ レモン汁…小さじ2
┤ 塩麹…小さじ1/2
┤ 粗びき黒こしょう…少々

レモン、粗びき黒こしょう…各適量

作り方

❶ フライパンに水300mℓを入れて中火にかける。沸騰したらスパゲッティ、白だしを加え、ふたをして6分ほどゆでる。

❷ アボカドは縦半分に切って種と皮を除き、1cm角に切る。大きめのボウルに入れ、**A**を加えてあえる。

❸ ❶を❷に加え（フライパンにゆで汁が残っていたら、湯をきってスパゲッティだけを加える）、あえる。器に盛り、生ハム、レモンの薄い半月切りをのせ、黒こしょうをふる。

生卵を
くずして

難易度 ★ ☆ ☆　　電子レンジで

レンチンうどんをうま辛だれであえるだけ。後を引くうまさ！

調理時間
10
分

ごま香る ビビンうどん

材料（1人分）

冷凍うどん…1 玉
白菜キムチ…20g
きゅうり…1/2 本
ゆで卵…1/2 個
塩…ひとつまみ
■ビビンだれ
　おろしにんにく（チューブ）…2cm
　白すりごま…大さじ 2
　ポン酢しょうゆ…大さじ 1/2
　コチュジャン、ごま油…各小さじ 1
糸唐辛子…適量

作り方

❶ きゅうりは 2 〜 3mm厚さの輪切りにする。塩をまぶして 5 分ほどおき、水けを軽く絞る。

❷ 冷凍うどんは表示通りに電子レンジで解凍する。 ざるに上げ、 水けをきる。

❸ 大きめのボウルにビビンだれの材料を入れて混ぜ、❷を加えてあえる。 器に盛り、❶、キムチ、 ゆで卵をのせ、 糸唐辛子を添える。

難易度 ★ ☆ ☆　　電子レンジで

牛肉の代わりに豚こま切れ肉でおいしく節約

調理時間
10
分

すき焼き風うどん

材料（1人分）

冷凍うどん…1 玉
豚こま切れ肉…100g
長ねぎ…1/2 本
卵…1 個
■すき焼き風だれ
　しょうゆ…大さじ 1
　砂糖…小さじ 2
　酒、みりん…各大さじ 1/2

作り方

❶ 長ねぎは 1cm幅の斜め切りにする。

❷ 大きめの耐熱ボウルにすき焼き風だれの材料、 豚肉、❶を入れて全体がなじむまで混ぜる。 冷凍うどんを凍ったままのせ、 ラップをかけて電子レンジで 6 分ほど加熱する。

❸ よく混ぜて器に盛り、 真ん中に卵を割り入れる。

とろとろ卵＆あんがうどんにからんで、しみじみおいしい

しらす卵あんかけうどん

調理時間
8
分

材料 (1人分)

冷凍うどん…1玉

卵…1個

しらす干し…20g

しょうが…10g

| 和風だしの素 (顆粒)、酒…各大さじ1
A
| しょうゆ…小さじ1

■水溶き片栗粉

　片栗粉…大さじ2

　水…大さじ4

三つ葉…適量

作り方

❶ 冷凍うどんは表示通りに電子レンジで解凍する。

❷ しょうがはせん切りにする。卵は溶きほぐす。

❸ 鍋に水500㎖、しょうがを入れて強めの中火にかけ、沸騰したら**A**、❶を加える。再び煮立ったら水溶き片栗粉を加え、混ぜながらとろみをつける。

❹ 溶き卵を回し入れて、しらすの2/3量を加え、卵がふんわりするまで煮る。器に盛り、残りのしらす、三つ葉のざく切りをのせる。

ほっこり

難易度 ★ ★ ☆　　電子レンジ、フライパンで

コク満点のクリーミーなピリ辛スープは裏切らない！

濃厚！ 豆乳担々うどん

調理時間
15
分

材料（1人分）

冷凍うどん…1 玉

豚ひき肉…100g

長ねぎ…1/2 本

ごま油…小さじ 1

A｜ おろしにんにく（チューブ）、
　｜ おろししょうが（チューブ）…各 2cm
　｜ 豆板醤…小さじ 1

B｜ 豆乳（成分無調整）…200㎖
　｜ 水…100㎖
　｜ 白練りごま…小さじ 2
　｜ 鶏ガラスープの素、しょうゆ…各小さじ 1

カシューナッツ、桜えび、万能ねぎ…各適量

ラー油…少々

作り方

❶ 冷凍うどんは表示通りに電子レンジで解凍する。 長ねぎはみじん切りにする。

❷ フライパンにごま油を中火で熱し、 ねぎ、ひき肉、 **A** を入れて炒める。 肉に火が通ったら、 取り出す。

❸ 続けてフライパンに **B** を入れて中火にかけ、 混ぜながら煮る。 練りごまが溶けたら❶のうどんを加え、 ひと煮立ちさせる。

❹ 器に盛り、 ❷、 カシューナッツの粗みじん切り、 桜えび、 万能ねぎの小口切りをのせ、ラー油をかける。

103

仕事が終わった後の晩酌の時間がなにより幸せ

お酒大好き♡

私の日々のがんばりのモトは、仕事が終わった後に飲むお酒と断言します！ 晩ごはんができたら、缶ビールをプシュッとあけて、ぐびりと一口。さあ、楽しい時間のはじまりです（笑）。仕事で疲れ果て、「もう何も作れない！」 なんていう時は、こういう時のために買っておいたとっておきのおつまみの出番。お酒を手に誰に気を遣うことなく、のんびり過ごすと、疲れた心と体が癒されます。

家飲みのお供たち

買い置きのおつまみは「カルディ」で。最近のお気に入りは、近所のスーパーで見つけた「うにのようなビヨンドとうふ」。焼きのりにくるんでパクッ！

においだけで飲めます

実はくさやが大好物。カセットコンロと焼き網を食卓に出し、そのまま食べられる焼きくさやをさっとあぶりながら、日本酒をちびり。もう最高！

我が家のワインセラーです！

ワインセラーには、ワインやスパークリングワインはもちろん、ビールもスタンバイ（笑）。ナチュールワイン（自然派ワイン）にハマってます。

特に好きなお酒は…

ビールは「サッポロクラシック」推し。日本酒は米を磨きすぎない純米酒が好みで、中でも「風の森」がお気に入り。ワインはオレンジワインが好き！

PART 4

デリつまみ

「簡単」「ちょっとしゃれてる」「酒がすすむ」を
キーワードに、お酒LOVEの私が厳選した
デリつまみがこちら！　こんなデリつまみがあれば、
家飲みだって、みんなとワイワイ飲むときだって、
盛り上がること間違いなし。

難易度 ★ ★ ☆　　鍋で

じわじわと火を通すことで生まれる、驚きのやわらかさ

しっとり 鶏ハムユッケ

調理時間
5
分

材料 (2人分)

鶏むね肉…1枚（300g）

きゅうり…1/2 本

卵黄…1 個分

■**コチュジャンだれ**〈混ぜる〉

　おろしにんにく（チューブ）…4㎝

　しょうゆ…小さじ 2

　コチュジャン、ごま油…各小さじ 1

白いりごま、糸唐辛子…各適量

作り方

❶ 鶏肉は冷蔵庫から出して 30 分～1 時間お
き、常温にもどす。水けを拭き、皮を除く。

❷ 鍋にたっぷりの湯を沸かし、火を止める。❶
を入れてふたをし、そのまま 20 分ほどおく。

❸ きゅうりは縦半分に切って斜め薄切りにする。

❹ ❷の肉を取り出し、粗熱がとれたら棒状
に切る。

❺ ボウルに❹を入れ、コチュジャンだれを加
えてあえる。❸を敷いた器に盛り、卵黄をの
せて白ごまをふり、糸唐辛子をのせる。

常温にもどした鶏むねを
お湯にぽちゃん！

ふたをして20分放置で、
格段においしくなる

コチュジャンベースの
たれにまみれる！

難易度 ★ ★ ☆ ｜ 卵焼き器、電子レンジで

想像を絶するやわらかさ！　そのカギは、小麦粉の代わりのアレ

進化系お好み焼き

調理時間
15
分

材料（2人分）

豚バラ薄切り肉…50g
キャベツのせん切り…80g

| 切りもち…2個
A 砂糖…小さじ1
| 水…80㎖

卵…2個
塩、こしょう、サラダ油…各少々
お好み焼きソース、マヨネーズ、青のり
　…各適量

作り方

❶ 豚肉は塩、こしょうをまぶす。

❷ 卵焼き器を中火で温め、豚肉を広げ入れ、焼き色がつくまで焼く。上下を返して端に寄せ、あいたところにキャベツを入れ、しんなりするまで炒めていったんすべて取り出す。

❸ 耐熱ボウルに **A** を入れ、ラップをかけて電子レンジで3分30秒ほど加熱する。ラップを取って（やけどに注意）泡立て器でよく混ぜる（もちの形が残っていたら、さらに30秒ほど加熱する）。卵を割り入れ、さらによく混ぜる。

❹ 卵焼き器を弱火で温めて、サラダ油を塗る。❸を流し入れ、アルミホイルをかぶせて6分ほど焼く。アルミホイルを取って手前半分に❷をのせ、半分に折りたたみながら器に盛る。お好み焼きソース、マヨネーズをかけ、青のりをふる。

もちをレンチンして生地にするから
〝とろふわ〟に

アルミホイルでふたをして、
しばし蒸し焼きに…

具材を生地の半分にのせ、
折りたたんで完成！

揚げものなのにさっぱり。片手でパクパクいけちゃう

調理時間
15
分

梅しそささ身揚げ

材料（12個分）

鶏ささ身…3本
梅干し(塩分10%のもの)…大2個（70g）
青じそ…6枚
春巻きの皮…6枚
■水溶き小麦粉
  小麦粉…大さじ1
  水…小さじ2
揚げ油…適量

作り方

❶ 梅干しは種を除いて包丁でたたく。青じそ、春巻きの皮はそれぞれ半分に切る。ささ身は長さを4等分に切る。

❷ 春巻きの皮の手前に、青じそ、ささ身、梅干しを等分に順にのせ、斜めに2回折りたたみ、端に水溶き小麦粉を塗り、折りたたんでしっかり閉じる。

❸ 揚げ油を170℃に熱して❷を入れ、途中上下を返しながらこんがりと色づくまで揚げる。

巻き方

＼完成！／

止まらん

ビールが
進む！

難易度 ★ ★ ☆　　電子レンジ、フライパンで

香りよく、パン粉のカリカリ感も相まってエンドレスに楽しめる

にんにくがツンポテト

調理時間
15
分

材料（2人分）

じゃがいも…小 3 個（300g）

ベーコン（ブロック）…30g

にんにく…4 片

パン粉…20g

オリーブ油…大さじ 3

A｜塩…ひとつまみ
　｜粗びき黒こしょう、パセリのみじん切り
　｜…各ふたつまみ

作り方

❶ ベーコン、にんにくは粗みじん切りにする。

❷ じゃがいもは皮つきのまま縦横半分に切る。耐熱ボウルに入れ、水大さじ 1 と 1/2 を加え、電子レンジで 5 分ほど加熱する。粗熱をとり、水けを拭く。

❸ フライパンにオリーブ油大さじ 1、にんにくを入れて中火にかける。香りが立ったらパン粉、ベーコンを加え、パン粉がこんがりと色づくまで炒め、大きめのボウルに入れる。

❹ 続けてフライパンにオリーブ油大さじ 2 を中火で熱し、❷を入れる。時々上下を返しながら、こんがり色づくまで揚げ焼きにし、❸に加える。A を加え、混ぜる。

レンチン中に表面が
乾かないように水を加えて

パン粉がカリッ!
ベーコンとにんにくの
いい香りも漂う

じゃがいもは
火が通っているので、
焼き色がつけばOK

難易度 ★ ☆ ☆　スキレットで

チーズのコクでリッチ感がマシマシ。卵黄とからめると最高!

調理時間
15
分

明太長いも ふわふわ焼き

材料 (2人分)

長いも…200g

卵…1個

| 辛子明太子…20g

A ピザ用チーズ…20g

| 白だし…小さじ1

サラダ油…少々

万能ねぎ…適量

辛子明太子 (トッピング用)…10g

······································

作り方

❶ 明太子は薄皮を除く。卵を白身と黄身に分ける。

❷ 長いもは皮つきのまま大きめの一口大に切る。厚手の保存袋に入れ、めん棒で細かく砕く。卵の白身、**A**を加え、袋の上からもんで混ぜる。

❸ 直径約19cmのスキレット (またはフライパン) にサラダ油を塗り、❷を流し入れる。弱めの中火にかけ、ふたをして7分ほど蒸し焼きにする。ふたを取り、卵黄、万能ねぎの小口切り、明太子 (トッピング用) をのせる。

長いもは、皮もむかずにぶったたく! 面倒くささはいっさいなし!

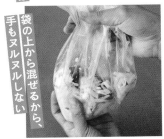

袋の上から混ぜるから、手もヌルヌルしない

袋からINして、あとは蒸し焼きにするだけ

余った餃子の皮が、秒でなくなる絶品おつまみに変身!

照りたまピザ

調理時間
5
分

材料 (4個分)

焼きとり缶 (たれ味)…1 缶 (75g)

ゆで卵…1 個

万能ねぎの小口切り…少々

餃子の皮…4 枚

ピザ用チーズ…10g

マヨネーズ…大さじ 1/2

作り方

❶ ボウルにゆで卵を入れて軽く潰し、 マヨネーズを加えて混ぜる。

❷ 餃子の皮に焼きとりを等分にのせ、 ❶を等分にのせる。 ピザ用チーズ、 万能ねぎを等分にのせ、 オーブントースターでこんがりと焼き色がつくまで 3 分ほど焼く。

肉のうまみ、ねぎの甘みを熱々ぐつぐつオイルに移して

ねぎま山椒アヒージョ

調理時間
15
分

材料 (2人分)

鶏もも肉…1/2 枚 (150g)

長ねぎ…1 本

にんにく…1 片

赤唐辛子の小口切り…1 本分

塩、こしょう…各少々

オリーブ油…70g

A ｜ 和風だしの素 (顆粒)、しょうゆ …各小さじ 1/2
｜ 塩…ひとつまみ

粉山椒、バゲット…各適量

作り方

❶ 長ねぎは 4cm長さに切り、 にんにくは粗みじん切りにする。 鶏肉は一口大に切り、 塩、こしょうをふる。

❷ 小さいボウルに **A** を入れ、溶き混ぜる (ある程度溶ければ OK)。

❸ 直径約 19cmのスキレット (またはフライパン) にオリーブ油 10g を入れ、中火にかける。鶏肉を皮目を下にして入れ、 ねぎの白い部分を加えて焼く。 肉の皮目に焼き色がついたら全体の上下を返し、 ねぎの青い部分を加えて同様に焼く。

❹ オリーブ油 60g、 にんにく、 赤唐辛子を加え、 ふつふつしてきたら 2 分ほど熱し、 ❷を加えて全体を混ぜる。 火を止め、 粉山椒をふり、 スライスして焼いたバゲットを添える。

ばかウケ

難易度 ★ ☆ ☆　　火を使わない

セロリのみずみずしい食感と香りが絶妙なアクセントに

調理時間
5
分

たことセロリの　わさびマリネ

材料 (2人分)

ゆでだこ…100g

セロリの茎…1/4本（50g）

セロリの葉…少々

塩…ひとつまみ

■**わさびマリネ液**〈混ぜる〉

練りわさび…小さじ2

レモン汁、しょうゆ、オリーブ油
　…各小さじ1

砂糖…小さじ1/4

作り方

❶ セロリの茎は筋を取り、 1cm角程度に切る。 塩をふり、 軽くもんで5分ほどおき、 軽く水けをきる。 セロリの葉は刻む。

❷ たこは食べやすい大きさに切る。

❸ ボウルに❶、 ❷を入れ、 わさびマリネ液を加えてあえる。

※わさびは商品によって辛さが異なるので、 分量は調整してください。

難易度 ★ ☆ ☆　　火を使わない

ねばねばの納豆、コリコリとしたたくあんが相性よし！

調理時間
3
分

納豆たくあんのり巻き

材料 (2人分)

納豆（たれつき）…1パック

たくあん…30g

白いりごま…小さじ1

ごま油…少々

白いりごま(トッピング用)、
　貝割れ菜、焼きのり…各適量

作り方

❶ たくあんは1cm角に切る。

❷ ボウルに❶、 納豆と付属のたれ、白ごま、ごま油を入れて混ぜる。

❸ 器に盛り、 好みでさらに白ごまをふり、 貝割れ菜、 食べやすく切ったのりを添える。 のりに貝割れ菜、納豆たくあんを巻いて食べる。

さっぱりガリトマト

ツナとピクルスのタルタルディップ

梅マヨディップ

ねぎ塩レモンアボカド

ガリ、青じその最強タッグで
やみつきの〝冷やしトマト〟に

さっぱりがリトマト

材料（2人分）

トマト…小1個（100g）

しょうがの甘酢漬け…20g

青じそ…4枚

A
│ 酢…大さじ1
│ はちみつ…小さじ1
│ 塩…ひとつまみ
│ 粗びき黒こしょう…少々

作り方

❶ トマトは一口大に切る。 しょうがの甘酢漬けは1cm幅に切る。 青じそはちぎる。

❷ ボウルに❶、 A を入れ、 あえる。

ピクルスの酸味、食感が
いい仕事をしてくれる

ツナとピクルスの
タルタルディップ

材料（2人分）

ツナ缶（オイル漬け）…小1缶（70g）

クリームチーズ…20g

きゅうりのピクルス…20g

マヨネーズ…小さじ1

粗びき黒こしょう…適量

チャービル（あれば）、バゲット…各適量

作り方

❶ クリームチーズは常温にもどす。 ピクルスは粗みじん切りにする。ツナ缶は缶汁をきる。

❷ ボウルにクリームチーズ、 マヨネーズを入れ、 ペースト状になるまでよく混ぜる。 ピクルス、 ツナ、 黒こしょう少々を加え、 混ぜる。

❸ 器に盛って黒こしょう少々をふり、 あればチャービル、 スライスして焼いたバゲットを添える。

難易度 ★ ☆ ☆ 　火を使わない

**甘酸っぱくてコク深いディップで
野菜がいくらでも！**

調理時間
5
分

梅マヨディップ

材料（2 〜 3 人分）

梅干し（塩分 10％のもの）…大 1 個（30g）

マヨネーズ…大さじ 2

はちみつ…小さじ 1/2

好みの野菜（大根、にんじん、きゅうりなど）
　…適量

作り方

❶ 梅干しは種を除いて包丁でたたく。 ボウルに入れ、 マヨネーズ、 はちみつを加えてよく混ぜ、 器に盛る。

❷ 好みの野菜は食べやすく棒状に切り、 ❶ に添える。

※野菜はほかに、 ゆでたブロッコリーやカリフラワー、 ヤングコーンなどでも。

難易度 ★ ☆ ☆ 　火を使わない

**濃厚なアボカドをさっぱりと
食べられる禁断の味**

調理時間
5
分

ねぎ塩
レモンアボカド

材料（2 人分）

アボカド…1 個

■**ねぎ塩だれ**〈混ぜる〉

　長ねぎのみじん切り…1/3 本分

　おろしにんにく（チューブ）…1cm

　塩、こしょう…各少々

　鶏ガラスープの素…小さじ 1/2

　レモン汁、ごま油…各小さじ 1

レモン、粗びき黒こしょう…各適量

作り方

❶ アボカドは縦半分に切って種と皮を除き、 横 7 〜 8mm幅に切る。 器に少しずらしながら円状に盛る。

❷ ねぎ塩だれをかけ、 レモンのいちょう切りをのせ、 黒こしょうをふる。

ザク
ザク

難易度 ★ ☆ ☆　　フライパンで

スパイシーな香りが食欲を刺激。ジューシーな味わいも◎

ズッキーニのカレーチーズから揚げ

材料（2人分）

ズッキーニ…1本

片栗粉、オリーブ油…各大さじ1

洋風スープの素（顆粒）

　　…小さじ1/2

A ┌ カレー粉…小さじ1/2

　└ 粉チーズ…大さじ1

作り方

調理時間 **10** 分

❶ ズッキーニは長さを半分に切って四つ割りにする。ポリ袋に入れ、片栗粉をまぶす。

❷ フライパンにオリーブ油を中火で熱し、❶を入れ、上下を返しながら全体に焼き色がつくまで焼く。ボウルに入れ、洋風スープの素を指で潰しながら加え、Aも加えてからめる。

難易度 ★ ☆ ☆　　フライパンで

チーズや磯の風味、衣の歯ごたえがたまらん！

のり塩まいたけから揚げ

材料（2人分）

まいたけ…1パック（100g）

A ┌ 片栗粉、小麦粉…各30g

　├ 粉チーズ…10g

　├ 青のり…小さじ2

　└ 塩…ふたつまみ

サラダ油…大さじ5

作り方

調理時間 **10** 分

❶ まいたけは6等分にほぐす。

❷ ボウルにAを入れ、水80mℓを一気に加え、泡立て器でなめらかになるまで混ぜる。

❸ フライパンにサラダ油を中火で熱し、❶を❷にくぐらせて入れる。時々上下を返しながら、全体がカリッとするまでじっくりと揚げ焼きにする。

難易度 ★ ☆ ☆　　フライパンで

〝外はカリッ、中はとろっ〟の、火を通したおいしさを発見！

白だしアボから揚げ

調理時間 **10** 分

くずれやすい果肉が
スプーンでするりとはずせる

材料（2人分）

アボカド…1個

A ┌ おろしにんにく（チューブ）…3cm

　├ 白だし…大さじ1

　└ 塩、こしょう…各少々

片栗粉…大さじ4

サラダ油…大さじ1と1/2

作り方

❶ アボカドは縦半分に切って種を除き、縦4等分に切り込みを入れ、スプーンで皮からすくい取る。ポリ袋に入れ、Aを加えて袋の上からやさしくなじませ、10分ほどおく。

❷ 片栗粉を加え、全体にしっかりまぶす。

❸ フライパンにサラダ油を中火で熱し、❷を入れ、時々上下を返しながら、全体がカリッとするまで揚げ焼きにする。

おわりに

「食」を愛してやまない私ですが、昔は食との関わり方に悩んだ時期もありました。高校時代、些細（ささい）なことがきっかけで、過度なダイエットによる拒食症に。ごはんを食べると具合が悪くなり、飴玉1つ食べるのも怖くて怖くて、ちょっとでも太ってしまわないかと体重計や鏡と向き合う日々。とても辛（つら）かったです。

拒食症はそのうち、料理上手な母の手料理で徐々に改善。何らパッとしない大学生活を送っていた時に、楽しさを与えてくれたのが「食」でした。初めて父にキャラ弁を作ってあげたら、想像の何倍も喜んでくれて、一気に人を笑顔にするキャラ弁に魅了されました。母にすすめられ、テレビ番組「笑っていいとも!」のキャラ弁コンテストのオーディションに参加すると、なんと予選通過! そのまま番組に出演し、「3Dキャラごはんコンテスト」にて優勝を果たしちゃいました。

これがきっかけとなり、私は将来食を仕事にすることを決意しました。過去に食に悩んだ私だったからこそ、一種の使命感のようなものさえ抱きました。

大学卒業後は、大手食品メーカーに就職。念願の商品開発に携わり、すごく貴重な経験をさせていただきました。その後、「自分にしかできない仕事をしたい!」と一念発起し、2年弱で独立。ただ、己の未熟さを思い知り、東京・銀座の懐石料理店で勉強させてもらったこともありました。

2020年に法人化し、現在は「食にまつわるコンサルティング企業」と

126

して内食、 中食、 外食、 それぞれの分野に携わらせていただいており、 主にはデパ地下の商品開発、 飲食店のメニュー開発、 家庭向けのレシピ開発、 食関連商品の販売促進を行っています。

私にとって「食」とは、 愛してやまないものであり、 人生そのものです。 過去に食に悩んだからこそ、 「食べること=自分の身体を構築するもの」 だと伝え、 共有したいのです。 けれど、 「毎日、 徹底して手料理をがんばって作りましょう」 なんて言うつもりはいっさいありません。 中食、 外食にだってよい面があります。 いろいろなシーンを楽しみながら、〝ほっとする〟〝心が落ち着く〟〝愛情を感じる〟手料理で自分自身をいたわり、 バランスを保つ。 そんなことをお手伝いできたら本望です。

人生での限られた回数の食事のうち、 大事な一食に私のレシピを組み込んでいただけたら、 何よりもうれしいです。 最後まで読んでくださり、 本当にありがとうございました。

白井ありさ （@arigohan）

白井 ありさ（しらい ありさ）
料理研究家、株式会社Rich taste 代表。
1992年生まれ。上智大学在学中に、フジ
テレビ系「笑っていいとも！」内のコーナ
ー「３Dキャラごはんコンテスト」で２回
優勝、obentoの世界大会で準優勝したこと
をきっかけに料理の道へ。在学中にキャラ
弁研究家として活動し、卒業後は大手食品
メーカーに入社、2017年独立。2020年に
法人化（株式会社Rich taste）。
現在、デパ地下和惣菜「宇豆基野」の商品開発のほか、飲食店や食品
メーカーのレシピ開発、食関連商品の販売促進を中心に活動。「あり
ごはん 🍽 簡単！デパ地下級レシピ」がInstagramで大人気に。手軽
でおいしく、高見えする簡単レシピを日々発信中。
Instagram：@arigohan

目指せ10分！　デリキッチン

2024年２月15日　初版発行

著者／白井 ありさ（@arigohan）

発行者／山下 直久

発行／株式会社KADOKAWA
〒102-8177　東京都千代田区富士見2-13-3
電話　0570-002-301（ナビダイヤル）

印刷所／TOPPAN株式会社

製本所／TOPPAN株式会社

●お問い合わせ
https://www.kadokawa.co.jp/（「お問い合わせ」へお進みください）
※内容によっては、お答えできない場合があります。
※サポートは日本国内のみとさせていただきます。
※Japanese text only

定価はカバーに表示してあります。